coleção ▪▶ primeiros
40 ▪▶▪▶ passos

LEITURAS AFINS

- A Crise da Crise do Marxismo — Introdução à um debate contemporâneo — *Perry Anderson*
- Glasnost — *Mikhail Gorbatchev*
- Marxismo Heterodoxo — *Maurício Tragtemberg (org.)*
- No Contracorrente da História — *Fúlvio Abramo/Dainis Karepovs (orgs.)*
- A Revolta de Kronstadt — *Henri Arvon*
- Socialismo ou Barbárie — *Cornelius Castoriadis*

Coleção Primeiros Passos

- O que é Burocracia — *Fernando Motta*
- O que é Comunismo — *Arnaldo Spindel*
- O que são Ditaduras — *Arnaldo Spindel*
- O que é Ideologia — *Marilena Chaui*
- O que é Revolução — *Florestan Fernandes*
- O que é Socialismo — *Arnaldo Spindel*
- O que é Stalinismo — *José Paulo Netto*

Coleção Tudo é História

- A Revolução Alemã — *Daniel A. Reis Filho*
- Rússia (1917-1921) — Os anos vermelhos — *Daniel A. Reis Filho*
- URSS: O socialismo real (1921-1964) — *Daniel A. Reis Filho*

Coleção Antologias & Biografias

- Trotski — A paixão segundo a Revolução — *Paulo Leminski*

Coleção Encanto Radical

- Karl Marx — O apanhador de sinais — *Horácio González*

José Roberto Campos

O QUE É
TROTSKISMO

1.ª edição 1981
6.ª edição

editora brasiliense

Copyright © José Roberto Campos

Capa:
123 (antigo 27)
Artistas Gráficos

Caricaturas:
Emílio Damiani

Revisão:
José E. Andrade

Dados Internacionais de Catalogação na Publicação (CIP)
(Câmara Brasileira do Livro, SP, Brasil)

Campos, José Roberto
O que é trotskismo / José Roberto Campos. --
São Paulo : Brasiliense, 1998. -- (Coleção
primeiros passos ; 40)

1ª reimpr. da 6ª ed. de 1988.
ISBN 85-11-01040-8

1. Comunismo 2. Comunismo - Brasil I. Título.
II. Série.

98-5322   CDD-335.433

Índices para catálogo sistemático:

1. Trotskismo : Economia   335.433

editora brasiliense s. a.
Rua Airi, 22 – Tatuapé
Cep 03310-010 – São Paulo – SP
Fone / Fax: (011) 218-1488
E-mail: brasilienseedit@uol.com.br

ÍNDICE

- Introdução 7
- A revolução permanente 14
- A primeira derrota.................. 22
- A IV Internacional 34
- A grande crise 49
- O trotskismo no Brasil.............. 63
- Indicações para leitura............. 77

Para Sandra
crítica inteligente.

INTRODUÇÃO

Em *Mimi, o Metalúrgico,* dirigida pela cineasta Lina Wertmuller, um homem e uma mulher passeiam calmamente pelas ruas de uma cidade da Itália. Ele é um camponês que acaba de se tornar operário. Ela é uma ativista. Discutem política. Na conversa, surge uma palavra — "trotskista". Mimi esbugalha os olhos, engasga, tenta, mas não consegue repetir:

— Trós... trots... tr... o quê?

A platéia ri muito do metalúrgico Mimi, dessa sua dificuldade quase física de dizer o termo, que metaforicamente expressa seu espanto momentâneo diante da caótica política italiana, a fragmentação da esquerda e sua multidão de *slogans.* Mas ironias e sorrisos à parte, o trotskismo, como movimento político, é muito pouco conhecido, inclusive no Brasil.

Leon Trotsky foi um dos principais dirigentes da Revolução Russa de Outubro de 1917. Ele participou diretamente da tomada do poder pelos trabalhadores, liderando seu órgão máximo de representação, o Soviete de Petrogrado, para onde todos — das fábricas, escritórios, quartéis, etc. — enviavam seus delegados e tomavam decisões.

Durante os anos mais difíceis da guerra, tanto civil como contra 14 países capitalistas que queriam derrubar o jovem governo socialista, ele ajudou a organizar e comandou o Exército Vermelho russo. E durante dez anos (até 1927), foi membro do governo soviético e das mais altas hierarquias do Partido Comunista: o Comitê Central e o Burô Político.

Trotsky também se destacou como um teórico original do marxismo, que definiu, desde 1905, as linhas essenciais do desenvolvimento da revolução. Suas teses ficaram conhecidas com o nome de "revolução permanente".

A revolução, porém, tomou um rumo diferente do que os comunistas previam. Cercados de dificuldades de toda a sorte, isolados do mundo, os trabalhadores da URSS tiveram frustradas suas esperanças de ver um novo Outubro de 1917 ocorrer em outros países da Europa. Com isso veio o abatimento e o desânimo, acentuado por uma luta duríssima, cotidiana, pela sobrevivência. As massas, que haviam tomado conta das ruas durante as jornadas revolucionárias, começaram a desaparecer da

O que é Trotskismo

Leon Trostky.

cena política no final da guerra civil, em 1920.

Entre os comunistas, que controlavam inteiramente o Estado, formou-se uma reação contra as idéias iniciais que nortearam a construção do novo governo socialista. Líderes do Partido, como Stalin e Bukharin, passaram a defender que a Rússia deveria seguir seu caminho rumo ao socialismo, isoladamente, já que os trabalhadores não tinham derrubado a burguesia nos países vizinhos e não se poderia contar com sua ajuda. Abandonaram as análises marxistas que, desde sua primeira expressão, no *Manifesto Comunista,* mostravam que a classe operária era internacional e só triunfaria quando o sistema da propriedade fosse derrubado em todo o mundo.

Este "nacionalismo" peculiar de uma ala dos comunistas, que em pouco tempo monopolizou o poder, teve graves conseqüências para os trabalhadores. Os objetivos de todos os partidos comunistas foram subordinados à política de construção de um socialismo caricatural na Rússia atrasada. E, como para isso era necessário antes de tudo a estabilidade, a revolução deixou de figurar nas metas dos PCs de todo o mundo. Ao abandonar o programa marxista na política externa, os novos líderes já haviam deixado de o praticar na própria URSS. Aos poucos, o seu "socialismo" deixou de pressupor a própria vontade dos trabalhadores e acabou sendo controlado por uma camada de dirigentes que não prestavam contas a ninguém.

Trotsky, juntamente com uma grande parte da direção do Partido Comunista russo, discordou da nova política. Houve sérias lutas internas. As tentativas de formar uma oposição a Stalin, a Oposição de Esquerda em 1923 e a Oposição Unificada em 1926 — fracassaram. Os vencedores, alinhados em torno do secretário-geral, Stalin, impuseram uma ditadura sobre o Partido e toda a sociedade russa. Eles se afirmavam enquanto um grupo social que expropriou o poder aos trabalhadores e usou-o para seu próprio benefício — a burocracia. Os opositores foram expulsos do Partido e da URSS. Trotsky, líder mais conhecido dos dissidentes, foi um dos primeiros a serem deportados, em 1928. Na década de 30, os que não concordaram com a "linha oficial" passaram a ser condenados e fuzilados.

No exílio, Trotsky organizou os militantes que aceitavam seus pontos de vista na Oposição de Esquerda Internacional. A partir daí, os trotskistas ficaram identificados com uma linha política bastante definida. O objetivo inicial da Oposição de Esquerda foi o de levar a discussão de suas críticas a todos os Partidos Comunistas, reunidos na III Internacional, fazê-los reconhecer os erros cometidos e retomar o rumo da revolução.

A política de Stalin causou grandes derrotas para os trabalhadores. Na Alemanha, a ascensão de Hitler foi facilitada pela orientação sectária do PC local, que atacou furiosamente os socialistas, recusando-se a formar com eles uma frente de todos os operários contra o nazismo. Esta derrota, de imensa importância, fez com que os trotskistas mudassem de orientação. Para eles, a burocracia russa e os PCs haviam se transformado em obstáculos à revolução: eram irreformáveis e precisavam ser substituídos.

Por isso, Trotsky se empenhou, de 1933 em diante, na campanha pela formação da IV Internacional. Ela foi fundada a 3 de setembro de 1938, com base num documento conhecido como Programa de Transição (no terceiro capítulo estão resumidos seus pontos principais). Mas logo veio a II Guerra Mundial que, ao lado do assassinato de Trotsky por um agente de Stalin, em 1940, contribuiu para dispersar a nova organização — pequena, isolada da classe operária, frágil teórica e praticamente.

Incapaz de responder corretamente às questões políticas colocadas no pós-guerra e de penetrar no movimento dos trabalhadores, a IV Internacional se dividiu seriamente em 1952 (o capítulo 4 explica os motivos da cisão e as principais diferenças entre as correntes que se formaram a partir daí). E permanece dividida até hoje.

Tendo como princípio o internacionalismo, os trotskistas procuraram se organizar em todos os países desde 1928. No Brasil, o primeiro grupo trotskista surgiu em 1931, sob a inspiração do jornalista Mário Pedrosa — a Liga Comunista Internacionalista (ver o último capítulo). A crise da IV Internacional afetou muito as organizações locais que, a partir da cisão de 1952, se dissolveram. O trotskismo praticamente desapareceu do cenário político brasileiro por mais de uma década, para começar a ressurgir, com nova feição, a partir de 1968.

A REVOLUÇÃO PERMANENTE

As grandes indústrias começaram a surgir na Rússia nas últimas décadas do século XIX, graças às inversões de capitais estrangeiros e do próprio Estado autocrático. A expansão capitalista mudou a fisionomia do país, até então mergulhado no feudalismo, onde dezenas de milhões de camponeses eram explorados como servos pela nobreza, que se ajoelhava diante de um déspota pouco esclarecido: o czar.

Ilhas administrativas num mar de camponeses, as cidades russas passaram a receber um grande contingente de trabalhadores. Com eles, vieram as greves. Para comemorar a coroação do czar Nicolau II, em maio de 1896, os empresários têxteis da capital, Petrogrado, determinaram feriados de três dias. Mas decidiram não pagar os salários correspondentes a este descanso obrigatório a seus operários. Eles reagiram e a greve geral fez sua primeira aparição na Rússia, marcando o início de uma série de lutas que desembocaram na revolução de 1905.

Às vésperas dos combates de rua de 1905, os marxistas russos discutiam uma questão muito importante: seria possível uma revolução socialista num país tão atrasado? Os bolcheviques e os mencheviques, as duas alas em que se dividiu o Partido Operário Social-Democrata russo — os nomes se referem à votação havida no II Congresso da organização em 1903 e significam, respectivamente, majoritários e minoritários —, achavam que não havia, de imediato, lugar para uma ditadura do proletariado na sociedade russa. A derrubada do czar abriria espaço para a instalação de uma república burguesa. A insurreição das massas, segundo eles, acabaria com o feudalismo e construiria um regime de amplas liberdades políticas, que favoreceria o pleno desenvolvimento do capitalismo na Rússia.

Era um esquema comum aos marxistas de então. Uma democracia burguesa permitiria a livre expansão das forças produtivas sob o capitalismo, que fortaleceria o proletariado, possibilitaria sua educação política no longo aprendizado do parlamentarismo e criaria todas as condições necessárias à existência de um futuro regime socialista. A revolução seria "democrático-burguesa" — colocaria no poder uma democracia que daria impulso à expansão da propriedade privada.

O modelo de revolução burguesa clássico tomado pelos marxistas russos era a França de 1789. Em sua luta contra o feudalismo, a burguesia francesa, classe em ascensão, havia se apoiado na massa de artesãos, na população urbana e no campesinato oprimido pela nobreza e o clero, para derrubar a monarquia absolutista. Paris dirigiu a revolução, que encontrou na pequena burguesia das cidades seus defensores mais radicais. O Terceiro Estado, que agrupava todas as camadas contra a monarquia e que falava em nome da nação, não era, entretanto, homogêneo.

Uma parcela da grande burguesia se colocou a favor do rei Luís XVI logo no início da revolução. As frações intermediárias da burguesia, no decorrer da luta, sentiram a necessidade de pôr fim à agitação e evitar um rompimento definitivo com o antigo regime. Coube aos artesãos e trabalhadores, aos jacobinos, levar até o fim a destruição da monarquia. Com sua ditadura impiedosa, eliminaram todos os obstáculos à vitória completa da insurreição. Entretanto, sua extrema heterogeneidade os impedia de terem um programa claro e de constituírem um regime político distinto da república democrática burguesa. Tendo caminhado muito à frente da burguesia, os jacobinos criaram todas as condições para que ela pudesse governar. Depois, foram derrubados do poder.

A Rússia precisaria passar ainda por sua revolução burguesa, como o fizera a França, raciocinavam bolcheviques e mencheviques. Ela deveria resolver os problemas da nação: derrubar o czarismo, dar terra aos camponeses e eliminar os entraves feudais, instaurar um regime que garantisse amplos direitos democráticos.

Desta teoria comum nasceram táticas distintas. Os mencheviques acharam que, como a burguesia seria a herdeira natural do poder, aos social-democratas não caberia conquistar ou compartilhar do poder, e sim continuar a ser o partido da oposição revolucionária. Deixaram a condução da luta nas mãos da burguesia liberal.

Os bolcheviques afirmaram que a burguesia liberal era vacilante e inconseqüente na luta pela república democrática. Segundo Lênin, seu principal líder, a burguesia tendia, como classe, a colocar-se natural e inevitavelmente sob o domínio de um partido liberal-monárquico. Era dever dos social-democratas russos impulsionar a aliança dos trabalhadores e camponeses para a formação de uma ditadura democrática, cuja composição não poderia ser claramente determinada *a priori*. Tal meta, ressaltara Lênin, nada tinha a ver com as idéias semi-anarquistas sobre a conquista do poder para levar a cabo a revolução socialista.

Trotsky, que na época se alinhou com os mencheviques, teve uma posição distinta das duas alas. Como presidente do Soviete de Petrogrado, o primeiro da história — o soviete era a reunião dos representantes dos setores explorados da população, eleito diretamente nas fábricas, bairros, etc. —, durante a revolução de 1905, ele foi preso e julgado pela monarquia. Na cadeia, fez um balanço crítico onde apontou as falhas de interpretação de bolcheviques e mencheviques.

Para Trotsky, o marxismo simplista das duas facções desconsiderava que o capitalismo progredia de forma desigual e combinava, na estrutura econômica e social dos países que não haviam realizado sua revolução burguesa, os elementos arcaicos aos mais avançados. Um exemplo claro disso era que na Rússia feudal, onde a servidão esmagava milhões de camponeses, surgira um proletariado industrial mais concentrado (na época) do que o alemão ou americano. Além disso, a história das revoluções do século XIX mostrara que a experiência de 1789 não se repetiria. O surgimento do proletariado, filho do capitalismo, jogava a burguesia para o lado da reação, fazendo-a desistir de impulsionar a revolução democrática. Era o que havia ocorrido na Alemanha, em 1848.

A era das revoluções nacionais estava encerrada, explicou Trotsky. O imperialismo, como etapa final do capitalismo, não contrapunha a nação burguesa à velha ordem e sim o proletariado à nação burguesa. Nascendo tarde, numa época em que o capitalismo já atingira um estágio muito avançado, a burguesia russa crescera sob o impulso do capitalismo financeiro (especialmente o francês), que dominava os principais setores da economia, e das inversões do Estado. Isso a debilitou muito, ao passo que o proletariado ganhou força e coesão ao ser rapidamente concentrado em grandes e modernas empresas. Segundo Trotsky, a classe operária desempenharia o papel que os jacobinos tiveram na revolução francesa, mas, ao contrário deles, anunciava um novo regime social.

O fato de não existir uma burguesia revolucionária na Rússia não significava, para ele, que a revolução havia deixado de ser, pelos seus fins imediatos, burguesa. O campesinato, sedento de propriedade, lhe dava este caráter — era a maioria esmagadora da nação. Sua heterogeneidade e dispersão, sua composição pequeno-burguesa, tornavam-no incapaz de desempenhar um papel político independente. As revoluções burguesas do século passado tinham mostrado, segundo Trotsky, a subordinação do campo à cidade. O camponês seguiria a burguesia ou o proletariado. Só a classe operária era capaz de conduzir a luta até o fim e garantir a satisfação das reivindicações do campesinato. Se a questão agrária, herança da história russa, tivesse sido resolvida pela burguesia, os trabalhadores jamais conseguiriam subir ao poder em Outubro de 1917.

Uma vez conquistado o poder, com o apoio dos camponeses, o proletariado não poderia se limitar aos marcos democrático-burgueses da revolução. A lógica de sua situação, para Trotsky, o levaria a realizar imediatamente algumas tarefas socialistas, como a expropriação dos grandes grupos capitalistas.

O avanço do socialismo num país extremamente atrasado criava, porém, sérios obstáculos, impossíveis de serem superados nos limites nacionais. A revolução russa deveria ser o prólogo da revolução do proletariado europeu, vital para a manutenção da ditadura socialista do operariado soviético.

A revolução socialista, concluiu Trotsky, começava no terreno nacional, se desenvolvia na arena internacional e se completava na arena mundial. Convertia-se, portanto, em permanente, no sentido de que só se consumaria com a vitória definitiva da nova sociedade em todo o mundo.

A previsão de Trotsky foi confirmada pelos acontecimentos de 1917. Em fevereiro, uma insurreição espontânea das massas derrubou o czar. Em seu lugar instalou-se um regime burguês, em coalisão com os mencheviques e outros grupos políticos, que não resolveu nenhuma das questões colocadas pelos trabalhadores. Manteve sua participação na guerra imperialista, não deu terras aos camponeses e continuou a garantir a exploração nas fábricas. A insatisfação cresceu entre os operários. Em abril de 1917, os bolcheviques mudaram sua posição e reconheceram que só um governo operário poderia realizar os anseios do povo. Colocaram como objetivo transferir todo o poder para os sovietes, e acabar com o governo da burguesia. Apoiados pelos trabalhadores, que lhes deram maioria nos principais sovietes do país, os bolcheviques dirigiram a tomada do poder em outubro de 1917.

As teses de Trotsky foram incorporadas ao arsenal teórico do partido bolchevique e serviram de base para a elaboração política realizada nos quatro primeiros congressos da Internacional Comunista. Mas quanto toda a tradição marxista começou a ser posta em questão e demolida por Stalin, a teoria da revolução permanente foi duramente atacada. Sua defesa tornou-se um dos pontos centrais do programa e da atividade prática dos trotskistas (principalmente nos países atrasados), e uma das marcas distintivas mais evidentes do trotskismo.

A PRIMEIRA DERROTA

Para Marx e os marxistas, a passagem do reino da necessidade para o reino da liberdade pressupunha a existência de bases econômicas altamente desenvolvidas e, desde o início, um sistema de produção pelo menos igual ao dos países capitalistas mais avançados.

O ponto do qual a Rússia partia para construir seu socialismo não se assemelhava nem um pouco ao esquema de Marx. Quatro anos de guerra mundial e três de guerra civil empurraram o país, já muito atrasado, para bem perto da barbárie. O canibalismo ressurgiu no Volga. A produção industrial, em 1920, era igual a 20% da de 1914 e apenas 16% das áreas cultivadas antes da guerra serviam então para alimentar uma população esgotada e esfomeada. As cidades se esvaziaram: o proletariado foi buscar sua sobrevivência no campo. Em três anos,

Petrogrado perdeu 42,5% de seus habitantes; Moscou, 65,5%. A classe operária diminuiu de 3 milhões para 1,5 milhões e, mesmo assim, nem todos os proletários trabalhavam. Havia absenteísmo de 50%, roubo da produção para venda no mercado negro em troca de comida, miséria generalizada, fome — a Rússia estava paralisada.

Grande parte da vanguarda dos trabalhadores morreu nos campos de batalha e outra parcela significativa preencheu postos do aparelho de Estado ou da máquina administrativa do Partido Comunista. A situação era trágica para os operários, a um ponto que, como disse o historiador Pierre Broué, não havia mais vanguarda nem mesmo proletariado, no sentido marxista do termo, mas uma massa de desclassificados, um semiproletariado miserável e ocioso.

Ao mesmo tempo, a perspectiva de revolução iminente nos países vizinhos se frustrou. Os comunistas russos acreditaram que sob as ruínas da guerra novos governos operários surgiriam e voltaram suas esperanças para a Alemanha, onde se concentrava o proletariado mais numeroso e melhor organizado da Europa. Para dirigir a vanguarda operária na luta contra o capitalismo, foi fundada em março de 1919, em Moscou, a III Internacional. Mas seus partidos nada puderam fazer para impedir a derrota dos levantes operários na Alemanha, Áustria, Hungria, etc.

Os sovietes, fundamentos do novo governo

russo, se desintegraram como a classe que lhes servia de base. A única instituição que se manteve de pé na Rússia atrasada foi o Partido Comunista. (Os demais partidos foram proibidos durante a guerra civil e reprimidos porque levantaram-se contra os bolcheviques.) A tarefa de reconstrução do país foi empreendida principalmente a partir da máquina do Estado, dominada em todos os níveis pelo Partido. A rápida desagregação dos sovietes e o peso cada vez maior do esqueleto do Estado em relação a eles expressavam uma relação social: os trabalhadores, cansados e desanimados, perdiam rapidamente a possibilidade de controlar seu poder, influir nas decisões e defender seus interesses.

A fusão do Partido com o Estado, neste contexto de profundo recuo das atividades das massas, contribuiu para trazer para o interior da organização comunista os hábitos de funcionamento do aparelho estatal e suas exigências: obediência passiva, autoritarismo, burocratismo, seleção de acordo com princípios hierárquicos e não por eleições, etc. Tudo isso já podia ser observado, num certo grau, no Partido Comunista em 1920, sob a liderança de Lênin. Aliás, é um verdadeiro conto de fadas a história de que o Partido Comunista foi um exemplo de democracia antes da morte de Lênin e um monstro burocrático logo depois. Lênin não controlava a máquina do Partido e, mais que isso, não controlava (nem poderia) todo o processo social complexo e contraditório que levava esta máquina a agir.

As condições desastrosas da URSS favoreceram o aparecimento da burocracia. A luta feroz pela sobrevivência, a derrota da revolução no exterior, o refluxo das massas trabalhadoras, o desaparecimento de seus organismos de representação, fortaleceram os setores conservadores do Partido e formaram o campo propício para que uma camada social tomasse o poder de Estado para si e se impusesse sobre a nação. Mas sua vitória não foi automática. Ela se beneficiou também dos erros políticos cometidos pelos líderes comunistas mais experientes e teoricamente mais sólidos, como Lênin e Trotsky.

Unico partido permitido, o Partido Comunista expressou em suas fileiras todas as pressões dos diferentes grupos sociais existentes no país. E os interesses contraditórios passaram a se refletir entre seus militantes e em sua direção. De seu Comitê Central saíram os principais líderes da burocracia conservadora. Eles não falavam a linguagem da reação política, mas escondiam-se atrás do código comum formal do bolchevismo. Foi através da autoridade de Lênin que Stalin tornou-se secretário-geral do PC em 1922. Nesta época, ele já era membro do Burô Político, Comissário para a Questão das Nacionalidades, dirigente da Inspeção Operária e Camponesa (encarregada de controlar e depurar toda a máquina administrativa do Estado, com poderes bastante amplos), responsável pelo

Burô de Organização (que cuidava de todas as questões internas do Partido, da promoção e deslocamento de militantes, etc.). Dispunha de uma soma de poderes enorme, incomparável à de qualquer outro dirigente comunista. Que depois usou para esmagar todos os seus adversários.

Lênin já enxergava o perigo burocrático no horizonte em 1918. O método para combatê-lo foram os sucessivos apelos às iniciativas das massas, que povoam seus escritos de propaganda da época. Ele foi o primeiro a mostrar a inquietante dominação do aparelho de Estado, que chegou a caracterizar como uma sobrevivência do czarismo, apenas com um verniz socialista. Apesar disso, diante da grave situação do país, Lênin defendeu como expediente "tático" a proibição de frações no Partido, aprovada pelo X Congresso, em fevereiro de 1921. Foi uma postura bem contraditória a de limitar a democracia interna num momento em que ele próprio se preparava para combater as "deformações burocráticas" e em que o Partido começava a aplicar a Nova Política Econômica, que tinha por objetivo estimular a vida econômica através das leis de mercado capitalistas, e que fortaleceria os proprietários, principalmente no campo. Nem durante os piores períodos da guerra civil Lênin havia pensado em limitar a discussão no Partido. A proibição de frações serviu posteriormente como um instrumento precioso para a afirmação do poder da burocracia, que o transformou em dogma.

O que é Trotskismo

A proibição de agrupamentos dentro do Partido, segundo o historiador Isaac Deutscher, era autoperpetuante e irreversível; enquanto estivesse vigorando, nenhum movimento pela sua revisão poderia existir. Estabelecia dentro do Partido uma disciplina de quartel, que poderia ser boa para um exército, mas se constituía num veneno para a organização política — a disciplina que permitia a um homem isolado fazer uma reclamação, mas que considerava a expressão conjunta desta mesma reclamação por vários homens como um motim.

Trotsky desempenhou um papel fundamental na luta contra a burocracia que tomava conta do Partido. Mas não foi o primeiro a apontar o perigo de degeneração da revolução, nem, a princípio, o crítico mais enérgico do autoritarismo. Existe uma distância considerável entre suas críticas firmes feitas no exílio e suas atitudes no período em que esteve no poder, até 1927.

Em 1920 Trotsky chegou a defender a total integração dos sindicatos ao Estado e a nomeação de seus dirigentes pelo PCUS, ao invés de sua eleição pelas bases. Para ele, os sindicatos deveriam aplicar temporariamente a militarização do trabalho, um sistema em que o Estado teria o direito de deslocar qualquer operário para onde fosse necessário e a recusa seria punida com o internamento em campos de concentração. A burocratização e a centralização autoritária do poder nas mãos do Estado seguramente não estavam entre suas preocupações na época.

Trotsky foi também um exaltado defensor da proibição de frações. Chegou a atacar no X Congresso a Oposição dos Trabalhadores, quando ela denunciou a ascensão da burocracia, pediu a volta da democracia soviética e melhores condições de vida para os trabalhadores. Hesitou muito em pedir o fim dos dispositivos que impediam a formação de grupos dentro do Partido. Não enxergou com muita clareza as mudanças que ocorriam no interior do PC, o que talvez explique em grande parte sua confusão e seus acordos com Stalin em momentos importantes da luta dentro do PCUS, até 1926, pelo menos.

Após o X Congresso (1921), a secretaria-geral do PCUS, nas mãos de Stalin, começou a aplicar à sua maneira as decisões aprovadas. Passou a perseguir os dissidentes da Oposição dos Trabalhadores, selecionar diretamente os quadros dirigentes do Partido e do Estado, sem recorrer às eleições, afastando os militantes mais experientes e críticos, promovendo os carreiristas. Em pouco tempo, a feição do Partido havia se modificado completamente — em 1922, apenas 2% de seus membros ingressaram nele antes da revolução de fevereiro de 1917.

Já imobilizado por uma série de derrames, Lênin percebeu a dimensão dos poderes de Stalin e os fins para os quais o secretário-geral os empregava. Num adendo a seu Testamento, que só foi conhecido do povo russo, parcialmente, em 1956, ele pediu o afastamento de Stalin. Ainda vivo, Lênin encarregou Trotsky de atacá-lo frontalmente no XII Congresso, no princípio de 1923, denunciando sua política de repressão à minoria nacional da Georgia. Apesar de instruído para não realizar nenhum "acordo podre", Trotsky fez acertos com Stalin e não interveio contra ele, em troca da inclusão de alguns pontos favoráveis aos georgianos no relatório oficial lido durante a reunião.

Trotsky acordou para o problema da burocratização do Partido em julho de 1923, após uma onda de greves operárias em Moscou e Petrogrado. Depois da prisão de membros da Oposição dos Trabalhadores, o dirigente da Checa (polícia política), Dzerjinsky, propôs ao Comitê Central que aprovasse uma resolução obrigando os militantes do Partido a denunciar os opositores que existiam no interior da organização. Trotsky escreveu uma carta de protesto, denunciando a falta de democracia. Logo depois, 46 líderes do PCUS assinaram uma carta onde acusavam o predomínio de Stalin, pediam o fim da proibição de frações e do sistema de nomeações.

Uma séria polêmica — a última que foi travada abertamente na história do PCUS — agitou os militantes do Partido. Durante três meses, os jornais publicaram as explicações dos adeptos de Stalin e os ataques da oposição que mais ou menos espontaneamente se formara e que ficou conhecida como Oposição de 1923, ou de Esquerda. Manipulando habilmente os laços da organização, escolhendo os participantes, Stalin fez com que uma conferência partidária realizada em janeiro de 1924 se colocasse contra os dissidentes e condenasse seus pontos de vista.

Com a morte de Lênin, em março de 1924, a burocracia sentiu que havia desaparecido o último obstáculo a seu avanço e passou a atacar diretamente seus inimigos. Em primeiro lugar, Trotsky, o dirigente de maior prestígio da ala esquerda do Partido. No final do ano, foi desencadeada em todos os jornais uma campanha contra o "trotskismo" e a "revolução permanente". Nela, a burocracia afirmou pela primeira vez sua teoria do "socialismo num só país" — depois canonizada por décadas pelos demais partidos comunistas.

A reação representada por Stalin se apoiou na derrota da revolução no exterior para defender que a Rússia, pobre e isolada, poderia chegar sozinha ao socialismo. Era uma aberração. Nenhum membro do PCUS, nem o próprio Stalin, tinha tido a coragem de defender tal coisa até 1924. O "socialismo num só país", em contraposição ao internacionalismo marxista, servia como uma luva para justificar a dominação da nova camada dirigente. Para levar a URSS até o "socialismo" a burocracia precisava garantir a estabilidade interna e externa. A estabilidade interna foi assegurada através de enorme repressão. A externa, pelos acordos que

O que é Trotskismo

Stalin versus *Trotsky*.

Stalin fez com as potências imperialistas e a política conservadora que impôs aos PCs. Neste esquema, a III Internacional, os PCs, deveriam ser não forças revolucionárias, mas peças de uma jogo cuja finalidade principal era não provocar insurreições no mundo capitalista que pudessem dar pretextos para novos ataques armados contra a URSS. Além disso, novas revoluções lembrariam os objetivos iniciais de Outubro de 1917 aos trabalhadores e os estimulariam à ação na própria Rússia. A burocracia tirava o seu poder justamente da prostração das massas, que procurava manter e reforçar. De todas as formas, a revolução passou a ser um problema para Stalin. E as teses da "revolução permanente" lembravam-lhe muito fortemente este problema.

A partir do final de 1924, a luta interna no PCUS se definiu através de uma série de golpes, cada vez mais fortes, contra a Oposição. Os congressos viraram um ritual onde tudo estava decidido de antemão e os delegados eram indicados a dedo pelos donos da máquina partidária.

A Oposição ficou inativa até os primeiros meses de 1925, evitando ser expulsa pela direção do Partido. No final deste mesmo ano, o bloco de poder se rompeu e as divergências apareceram no XIV Congresso do PCUS (dezembro). Trotsky não abriu a boca e se confessou confuso diante do fato inesperado. Zinoviev e Kamenev, que até então formavam ao lado de Stalin, denunciaram o favorecimento do camponês rico, propiciado pela Nova Política Econômica, a teoria do socialismo num só país, a falta de democracia interna. Em julho de 1926 se formou a Oposição Unificada. Ela teve 8 mil militantes — metade deles, aproximadamente, concordavam com as posições de Trotsky. Foram às células do Partido e reuniões de fábrica propagandear seu programa: um projeto coordenado de industrialização, maior taxação sobre o camponês rico, democracia. Encontraram diante de si vaias ensaiadas e a truculência física dos adeptos de Stalin. A massa dos trabalhadores não os defendeu: os membros da Oposição foram vistos com simpatia passiva. A incapacidade da Oposição se basear no proletariado foi um sintoma de fraqueza não apenas da própria oposição, mas também do proletariado, observou justamente o historiador E.H. Carr.

Diante do revés, a Oposição começou a se desagregar. Foi obrigada a novos recuos, que de nada lhe serviram. Em outubro de 1927 Trotsky e Zinoviev foram excluídos do Burô Político. Em janeiro de 1928 Trotsky foi deportado para Alma Ata, e um ano depois expulso do território russo, juntamente com vários ex-dirigentes do Partido.

A IV INTERNACIONAL

Expulso da URSS, Trotsky e seus adeptos constituíram a Oposição de Esquerda Internacional para lutar pela regeneração dos Partidos Comunistas com base em um programa revolucionário. Ela não pretendia ser uma organização "trotskista" e estava aberta a todas as correntes que concordassem com 11 pontos básicos, entre eles:

a) independência do partido operário em todas as circunstâncias;

b) reconhecimento do caráter permanente da revolução;

c) reconhecimento da URSS como um estado operário e da necessidade de sua defesa frente ao imperialismo;

d) reconhecimento da necessidade de atuar nos sindicatos reformistas e condenação da teoria e práticas sectárias em que se baseava a formação dos sindicatos "revolucionários";

e) necessidade da política de frente única operária;

f) necessidade da democracia no partido.

Trotsky centralizou os trabalhos da Oposição, editando um jornal internacional. O *Boletim da Oposição*, que chegava regularmente até mesmo às altas instâncias do PC russo e era traduzido em várias línguas. Foi realizado um longo trabalho de organização, que procurava atingir todos os que discordavam dos rumos imprimidos por Stalin. Mas um fato novo modificou a direção e as perspectivas desse trabalho.

Em 1933, Hitler subiu ao poder. O Partido Comunista alemão, inspirado pelos dirigentes russos, recusou-se a formar uma frente com os socialistas contra os nazistas. A III Internacional definira que a revolução estava próxima e que nada era mais importante do que combater os que, nas fileiras da classe trabalhadora, defendiam o regime democrático decadente — como faziam os social-democratas. A campanha de divisão resultou na ascensão de Hitler e no esmagamento de todas as organizações operárias. Trotsky propôs exaustivamente, por mais de dois anos e meio, a necessidade da união incondicional de todos os trabalhadores para derrotar o nazismo, sugerindo a frente única dos comunistas e social-democratas. Não foi ouvido.

A derrota do proletariado alemão fez com que Trotsky considerasse que o PC daquele país estava definitivamente perdido para a revolução. A Internacional Comunista, diante de um fato de tão extraordinária importância como a vitória de Hitler, não fez qualquer autocrítica. Nenhum PC ousou denunciar a política absurda seguida na Alemanha. A partir daí, os trotskistas passaram a defender a criação de uma nova organização, a IV Internacional, que deveria ser cuidadosamente preparada através de discussões e intervenção prática comum com todos os grupos políticos que se aproximassem de suas posições.

No final da década de 30, os trotskistas ainda eram em reduzido número e tinham avançado muito pouco. Não tinham progredido politicamente, disse Trotsky, fazendo um balanço geral da atividade da Oposição. E este fato era a expressão do recuo geral do movimento operário naqueles últimos 15 anos. Segundo ele, quando o movimento revolucionário declinava de maneira geral, quando a uma derrota se seguia outra derrota, quando o fascismo se espalhava pelo mundo inteiro e o marxismo oficial se encarnava na mais formidável máquina de enganar os trabalhadores, os revolucionários só poderiam trabalhar contra a corrente histórica geral. E isto, mesmo que suas idéias fossem inteligentes e corretas, explicava Trotsky. As massas não faziam sua educação política através de prognósticos ou de concepções teóricas, mas

Cartaz da IV Internacional.

através da experiência geral de sua vida. Esta era a explicação geral: o conjunto da situação estava contra os trotskistas.

Para Trotsky, muitas vezes irritado com as intrigas, disputas e o sectarismo de alguns de seus partidários, a tarefa mais importante era reunir a vanguarda sob uma bandeira clara de luta, com um programa revolucionário. Para ele, essa era a única garantia de que, num outro momento histórico, em que as massas voltassem ao centro da cena política, haveria um núcleo coeso capaz de defender idéias justas, se ligar ao movimento operário e disputar sua direção, com possibilidades de vitória.

A 3 de setembro de 1938, o congresso de fundação da IV Internacional reuniu-se em Paris, na presença de organizações de 10 países (URSS, Inglaterra, França, Alemanha, Polônia, Itália, Grécia, Holanda, Bélgica e Estados Unidos), mais um delegado em nome dos grupos trotskistas da América Latina. Como documento básico da nova Internacional foi aprovado um texto redigido por Trostsky, "A Agonia Mortal do Capitalismo e as Tarefas da IV Internacional", que ficou conhecido com o nome de "Programa de Transição".

O programa definiu as tendências principais da atual etapa histórica, partindo da concepção leninista do imperialismo e concluindo que a premissa econômica para a revolução proletária havia chegado há muito tempo ao ponto mais alto possível de ser alcançado sob o capitalismo. As forças produtivas cessaram de crescer. Isto é, o regime baseado na propriedade privada dos meios de produção poderia continuar a fazer importantes descobertas científicas e acrescentar quantitativamente a riqueza material de algumas camadas da sociedade, mas só conseguiria realizar isso expulsando um número cada vez maior de homens da produção, ampliando o desemprego, estimulando a corrida armamentista, provocando novas crises econômicas, expoliando os países atrasados, combatendo os direitos sociais conquistados pelos trabalhadores nos países imperialistas, arrasando o meio ambiente, etc.

A conseqüência política mais importante do declínio do capitalismo, segundo o Programa de Transição, foi a de que as reformas sociais importantes e duradouras não eram mais possíveis e que a revolução socialista se tornara uma necessidade absoluta para a sociedade. Assim, a tarefa principal dos trotskistas consistia em superar a contradição entre a maturidade das condições objetivas da revolução e a falta de maturidade do proletariado e sua vanguarda (confusão e desencorajamento da velha direção, falta de experiência da jovem). A crise histórica da humanidade, para os trotskistas, se reduzia à crise histórica de direção revolucionária.

O motivo principal para a contrução de uma nova Internacional foi a transformação das organizações historicamente formadas pelos trabalhadores, para lutar contra o capitalismo, em forças conservadoras, que se colocaram a favor da manutenção da sociedade de classes. A social-democracia havia se atolado no caminho das reformas e sua cúpula, apoiada numa aristocracia operária com alto nível de vida, abandonou seu compromisso para com as mudanças revolucionárias, encontrando sua forma de existência na barganha de gabinete, nos floreios do discurso parlamentar, na retórica socializante sem compromissos práticos. Quando puderam, os socialistas assumiram o poder e, várias vezes, reprimiram os trabalhadores.

A Internacional Comunista, por seu lado, transformou-se rapidamente numa máquina burocrática e monolítica, a serviço da política conservadora de Stalin. Seguiu os ziguezagues do dirigente soviético que, para construir seu "socialismo" na Rússia isolada, pactuou com os países imperialistas, inclusive com Hitler. Os resultados destas negociações foram sempre no mesmo sentido: sacrificar a independência política dos trabalhadores, refrear suas lutas contra a burguesia.

Para enfrentar estas forças e construir uma nova vanguarda revolucionária, o Programa de Transição alinhou uma série de pontos, um sistema de reivindicações que, partindo das condições e consciência imediatas de amplas camadas da classe operária, conduzia invariavelmente a uma e mesma direção: conquista do poder pelos trabalhadores.

O que é Trotskismo **41**

Dentre as várias reivindicações, os trotskistas colocaram em seu programa duas que, pelo caráter abrangente da situação social que pressupunham, mereciam especial atenção da vanguarda operária: a escala móvel de salários e das horas de trabalho. Era certo que nas crises econômicas, cada vez mais freqüentes, a inflação engolia os salários dos trabalhadores, enquanto que a classe dominante, para compensar a queda de seus lucros, despedia em massa a mão-de-obra. Os trabalhadores deveriam, então, lutar para que os salários acompanhassem automaticamente o ritmo da subida dos preços, através de um controle realizado por suas organizações sindicais. Além disso, precisariam dividir as horas de trabalho entre todos, reduzindo a jornada diária de cada trabalhador e mantendo o emprego de forma geral.

A condição mais importante para se obter esta e outras reivindicações, segundo o Programa de Transição, era a independência política do proletariado. Sua defesa requeria uma atitude vigilante e mobilização maciça contra a intervenção do Estado na vida dos sindicatos, contra as tentativas de "arbitragem obrigatória" dos conflitos trabalhistas, contra o ataque aos direitos democráticos das organizações sindicais e políticas da classe operária.

Tendo a independência política por princípio, estava criada a base necessária para a realização de uma frente única de todas as correntes sindicais e políticas da classe operária para a atuação conjunta em defesa das reivindicações apresentadas pelos trabalhadores. A despeito das diferenças políticas que existissem entre os sindicatos e partidos que integravam a luta, o essencial era que caminhassem juntos contra os ataques diários da burguesia, resguardando a democracia nas assembléias e tomada de decisões, e mantendo a independência diante dos patrões e seu Estado.

Os sindicatos tinham um papel destacado a cumprir neste contexto e deveriam ser um campo de atuação privilegiada da vanguarda operária, para o Programa de Transição. Ele negou validade às teses esquerdistas de que as grandes organizações sindicais dominadas pelos burocratas tornavam-se inúteis para o combate e deviam ser abandonadas em função da construção do "sindicato revolucionário", uma espécie de segunda edição dos partidos políticos. Mas os trotskistas não deixaram de observar os limites das organizações sindicais.

Pelo seu caráter, composição e objetivos — reunir todos os explorados, independentemente de convição política, religiosa, etc. — os sindicatos não poderiam ter um programa revolucionário completo. Em geral eles abarcavam uma parcela percentualmente pequena do proletariado (ainda hoje nos Estados Unidos, o número de sindicalizados não passa dos 20%) e se tornavam canais insuficientes nos momentos de crise social, quando a enorme maioria dos trabalhadores entrava em ação. Por isso o Programa de Transição chamou a atenção para a necessidade de se criar organismos mais amplos, que representassem todos os participantes engajados na luta, como os comitês de greve, comitês de fábrica — que poderiam incluir os representantes sindicais. Estas formas de organização, em épocas revolucionárias, poderiam se generalizar até atingir os sovietes, forma mais perfeita de representação de todos os explorados contra os capitalistas e o Estado.

* * *

O Programa de Transição defendeu a necessidade de uma revolução política na União Soviética. As tarefas principais desta revolução eram o fim da ditadura burocrática, o restabelecimento da democracia operária e a entrega da direção do Estado aos órgãos de representação direta dos trabalhadores, os sovietes.

A revolução era política porque, para os trotskistas, a base econômica criada a partir da tomada do poder em outubro de1917 se mantinha. Apesar da desastrosa gestão da burocracia, continuavam a existir as principais conquistas dos trabalhadores: nacionalização do solo e dos meios de produção, monopólio do comércio exterior. Por mais reparos que a economia exigisse, não seria necessário transformá-la de alto a baixo para que ela voltasse às mãos dos operários. O objetivo prioritário da revolução era o poder público, que foi monopolizado por uma camada social, que o usou para manter seus privilégios, amordaçar a sociedade e impedir qualquer manifestação independente dos trabalhadores em todos os domínios da atividade social.

As razões principais do aparecimento da burocracia vinham do enorme atraso da Rússia e do isolamento da revolução, explicou Trotsky em *A Revolução Traída*. Sem as bases materiais necessárias que permitissem de imediato uma melhoria real no nível de vida dos trabalhadores — condição fundamental colocada por Marx para o avanço rumo ao comunismo — um regime operário teria a socializar apenas a miséria. Durante todo um certo período — isto era válido até mesmo para os países desenvolvidos — vigeriam as normas burguesas de repartição do produto nacional. Isto é, cada trabalhador receberia de acordo com o trabalho realizado e não de acordo com suas necessidades. Partindo de um nível muito baixo de desenvolvimento econômico e cultural, a aplicação destas normas burguesas de repartição gerariam e acentuariam as desigualdades, provocando uma luta severa pela sobrevivência, onde quem detivesse o poder de coerção estatal teria a condição de determinar a distribuição final dos bens produzidos.

Trotsky afirmou que se o Estado, em lugar de agonizar, como defendia o marxismo, se tornava cada vez mais despótico; se os mandatários da classe operária se burocratizavam e a burocracia se levantava acima da sociedade, isto se devia à inflexível necessidade de formar e sustentar uma minoria privilegiada enquanto não fosse possível assegurar a igualdade real.

Repartindo em seu proveito a renda nacional, a burocracia não se apoiava em relações de propriedade particulares, e sim procurava esconder seus privilégios através da gestão estatal da economia criada pela revolução. Mais de uma vez os trotskistas rejeitaram a definição de que a burocracia era uma nova classe, dirigente de um suposto "capitalismo de Estado". Trotsky argumentou que a burocracia não tinha propriedades, nem títulos, nem ações, se renovava mediante uma hierarquia administrativa — bastante incerta, aliás, haja vista os expurgos freqüentes — sem direitos de herança. Os benefícios extraídos por ela eram abusos que tentava ocultar, assim como procurava esconder publicamente até mesmo sua existência como grupo social definido. Sua apropriação indevida de parte significativa da renda nacional, que o monopólio do poder político lhe proporcionava, era um fato de parasitismo social.

Trotsky não descartou a possibilidade de que a burocracia, em determinado momento, procurasse apoio em relações de propriedade para estabilizar sua dominação. Mas ressaltou que a volta da propriedade privada à sociedade russa seria uma derrota profunda dos trabalhadores e provocaria comoções enormes. Geraria reações inclusive de frações da própria burocracia, que tinham consciência de que a volta do capitalismo e a inevitável reintegração posterior da Rússia ao sistema imperialista minaria as bases de sua própria existência social.

O Programa de Transição caracterizou o regime da URSS como um Estado operário, porque os fundamentos econômicos da revolução, ainda que mal, foram mantidos. Porém, completava, era um Estado operário degenerado, pois o poder político fora expropriado das mãos dos trabalhadores em benefício de uma camada parasitária. As contradições que estavam na base do regime dirigido pela burocracia foram assim resumidas por Trotsky em *A Revolução Traída:*

A URSS é uma sociedade intermediária entre o capitalismo e o socialismo em que:

a) as forças produtivas ainda são insuficientes para dar à propriedade do Estado um caráter socialista;

b) a tendência à acumulação primitiva nascida da necessidade se manifesta em todos os poros da economia planificada;

c) as normas de repartição, de natureza burguesa, estão na base da diferenciação social;

d) o desenvolvimento econômico, ao mesmo tempo em que melhora lentamente a condição dos trabalhadores, contribui para formar rapidamente uma camada de privilegiados;

e) a burocracia, ao explorar os antagonismos

sociais, converteu-se numa casta incontrolada, estranha ao socialismo;

f) a revolução social, traída pelo partido governante, vive ainda nas relações de propriedade e na consciência dos trabalhadores;

g) a evolução das contradições acumuladas pode conduzir ao socialismo ou lançar a sociedade de volta ao capitalismo;

h) a contra-revolução em marcha para o capitalismo terá que romper a resistência dos operários;

i) os operários, ao marchar para o socialismo, terão que derrubar a burocracia. O problema será definitivamente resolvido pela luta das duas forças vivas no terreno nacional e internacional.

O Programa de Transição previu que a luta contra a burocracia se manifestaria a princípio através da mobilização contra as desigualdades sociais e a opressão política. Os recentes acontecimentos na Polônia confirmaram a validade desta tese. Começando com greves por reivindicações salariais, o movimento operário polonês logo colocou uma reivindicação essencialmente política no centro do confronto com a burocracia: o direito de ter sindicatos independentes. Aos poucos, em torno da central sindical Solidariedade, os trabalhadores foram questionando toda a base do poder burocrático — a censura, o controle absoluto dos meios de comunicação, a falta de democracia em todos os níveis, a gestão desastrosa da economia, etc. É na Polônia que o estágio de insatisfação dos operários com a burocracia se encontra mais generalizado e organizado e é lá também que os burocratas estão sendo obrigados a conviverem com as maiores mobilizações de massa na Europa do Leste no pós-guerra. É um movimento que atinge diretamente todo o bloco do poder construído pela burocracia soviética no Leste europeu e cujas conseqüências estão ainda longe de se esgotar.

A GRANDE CRISE

A recém-fundada IV Internacional sofreu, logo de início, um duro golpe. Em 20 de agosto de 1940 um agente de Stalin assassinou Trotsky em sua residência de exilado em Coyoacan, no México.

O movimento trotskista perdeu seu líder mais experiente e seu teórico mais brilhante. A clareza política de Trotsky conseguira várias vezes afastar a confusão que inevitavelmente surgia entre os grupos jovens e com pouca prática filiados à IV Internacional, compor as várias tendências que lutavam entre si e manter a unidade entre elas através de uma atividade organizativa e teórica inesgotável. Era toda uma geração de revolucionários — os velhos bolcheviques, que participaram da tomada do poder em 1917 — que acabava de se extinguir.

Depois veio a guerra e a maré nazista invadiu a Europa. No caso dos trotskistas, as duras condições criadas pelo conflito imperialista ressaltaram seu isolamento. A repressão intensa dificultou muito seu trabalho, afrouxou os laços entre os grupos que compunham a IV Internacional e trouxe a morte de vários de seus dirigentes.

Os trotskistas participaram das guerrilhas de resistência e tentaram organizar células clandestinas no próprio exército alemão, editando um jornal dirigido aos soldados das forças de Hitler — o *Arbeiter und Soldat,* dirigido por Martin Monat. Monat foi preso e executado pela Gestapo.

A partir de 1943, houve uma reviravolta política e militar nos campos de batalha. O imbatível exército alemão foi derrotado pela resistência do povo russo, em Stalingrado. As guerrilhas e os operários em armas tomaram as fábricas e ocuparam o norte da Itália. As greves começaram a estourar na França.

O final da guerra foi marcado pelo crescimento vertiginoso das organizações tradicionais do proletariado, os comunistas e social-democratas, que novamente dominaram a cena política. Os Partidos Comunistas fizeram um enorme esforço para conter as mobilizações dos trabalhadores e impedir que os Estados burgueses, que mal se mantinham em pé em meio às ruínas da guerra, desabassem sob o impacto da revolução.

A ação dos Partidos Comunistas se orientou pelos acordos assinados no final da guerra em Ialta e Potsdam entre Stalin, Roosevelt e Churchill, os

Trotsky no exílio.

vencedores, que dividiram o mundo em "esferas de influência". Os acordos estabeleceram uma base comum que deveria ser capaz de proporcionar a "paz" e a "estabilidade" internacional, com o reconhecimento da dominação da burocracia russa sob o Leste europeu pelos Estados Unidos, em contrapartida ao respeito à existência de regimes capitalistas no resto do mundo (e particularmente na Europa) por parte da URSS.

Como conseqüência destes compromissos, os PCs entraram nos governos burgueses, ocuparam ministérios e combateram as greves. Usaram de seu prestígio, então no auge, e de sua máquina partidária eficiente para fazer refluir a agitação revolucionária que tomava conta dos trabalhadores. Tiveram sucesso. E, em seu esforço em torno da "reconstrução nacional", da união de todos — stalinistas, burgueses, social-democratas — em nome da democracia, procuraram por todos os meios isolar as correntes políticas que, como os trotskistas, combatiam a colaboração de classes.

Da IV Internacional, porém, não vinham respostas corretas que lhe permitissem aproveitar o momento político para se reforçar numericamente e se implantar em alguns setores importantes do proletariado, descontentes com as ações dos partidos tradicionais. Os trotskistas ainda eram um pequeno grupo de quadros. Sua composição era majoritariamente pequeno-burguesa. Seus militantes procuraram compensar a falta de experiência e romper o asfixiante afastamento dos trabalhadores através da repetição mecânica de seus textos programáticos — análises gerais corretas, mas que precisavam ser adaptadas ao novo momento, rico em transformações.

O período em que se dera a formação da IV Internacional, cheio de recuos e derrotas do movimento operário, deixara uma pesada herança. Havia bastante sectarismo e falta de clareza entre os trotskistas. A fragilidade de suas análises não os preparava para a ação cotidiana e os choques com uma realidade estranha a seus esquemas gerava primeiro o desânimo e, depois, o ceticismo e as cisões — preço inevitável das carências políticas.

Tudo isso contribuiu para a divisão do movimento trotskista no princípio da década de 50 e que, com algumas recomposições, persiste até hoje. A cisão se iniciou com a expulsão da maioria da seção francesa, o Partido Comunista Internacionalista (PCI), dos quadros da IV Internacional.

O motivo principal da expulsão foi o novo rumo político que o Secretariado Internacional, a direção oficial, encabeçada por Michel Pablo, definiu para a IV Internacional e que foi aprovado em seu III Congresso (agosto de 1951). As análises de Pablo, apoiadas pela maioria das direções trotskistas de diversos países, partiam da perspectiva de que uma nova guerra, opondo a URSS e os EUA, era iminente (estava-se em pleno período da guerra fria). O novo conflito, segundo Pablo, forçaria objetivamente a burocracia russa a dar passos no caminho da revolução e radicalizaria os Partidos Comunistas, que transformariam a guerra em revolução.

As teses da direção da IV Internacional assumiram a divisão do mundo em "blocos" — de um lado o imperialismo, de outro a URSS — em vez de priorizar a luta de classes nos diferentes países. Pablo argumentava que os PCs seriam forçados pelas circunstâncias a assumirem um papel revolucionário quando estourasse a nova guerra e concluía que os trotskistas deveriam ingressar nos PCs para auxiliar ao máximo, da melhor maneira, o processo objetivo revolucionário.

A maioria do Partido Comunista Internacionalista afirmou que estas posições representavam uma negação completa do programa da IV Internacional. A luta de classes, que opunha o proletariado à burguesia, continuava se exprimindo no interior dos blocos. Isto é, o combate dos trabalhadores contra os capitalistas estava intimamente ligado ao combate que o proletariado russo realizava contra a burocracia, para recuperar o poder que lhe fora retirado. O PCI acusou então Pablo de apoiar o stalinismo, que o programa de Transição caracterizara como contra-revolucionário. Entre outras coisas, esta qualificação significava que a burocracia e os PCs eram irreformáveis. A camada dirigente da URSS não abandonaria por si só o poder, era incapaz de reformá-lo para atender aos interesses dos trabalhadores. Além disso, se os Partidos

O que é Trotskismo

Comunistas eram forças objetivamente revolucionárias, qual a função de uma nova organização, a IV Internacional? — argumentava o PCI.

Em julho de 1952, a maioria do PCI foi excluída da IV Internacional, apesar de manifestar sua intenção de prosseguir na defesa de seus pontos de vista no interior da organização, como uma tendência política. Com a expulsão, se consolidaram os dois grupos trotskistas que formam as principais correntes atuais.

De um lado, o Secretariado Unificado da IV Internacional, cujo principal líder é o economista e militante belga Ernest Mandel. Seus grupos mais influentes são a Liga Comunista Revolucionária francesa, que voltou a lançar a candidatura de seu dirigente, Alain Krivine, para as eleições presidenciais de 1981, e o Partido Socialista dos Trabalhadores (SWP) americano. De outro, o Comitê Internacional da IV Internacional, que prossegue na luta iniciada pelo PCI em 1952. Seus dirigentes mais conhecidos são o francês Pierre Lambert, também membro do Comitê Central da Organização Comunista Internacionalista, e Nahuel Moreno, do Partido Socialista dos Trabalhadores, da Argentina. Somadas, as duas correntes agrupam hoje aproximadamente 40 mil militantes, espalhados por mais de 45 países.

Os desdobramentos da cisão de 1952 provocaram o aparecimento de uma multidão de grupos que se reivindicam do trotskismo. Entre eles, o

Socialist Workers League inglês, que formou recentemente um comitê de Organização reunindo seus adeptos na Grécia, França e mais dois ou três países, as organizações espartaquistas existentes nos EUA e em toda a Europa, etc. De maneira geral, porém, o Secretariado Unificado e o Comitê Internacional representam a grande maioria das forças trotskistas existentes.

Grosso modo, existiram dois períodos na vida do movimento trotskista após a divisão de 1952. A cisão provocou inicialmente um enfraquecimento geral das duas organizações, pulverizando-as e gerando novos "rachas". O Comitê Internacional, apesar de garantir a continuidade de sua linha política, levou uma existência vegetativa até o final da década de 60, enquanto que o Secretariado Unificado teve pouca expressão nas lutas do movimento operário no mesmo período. A partir de 1968, iniciou-se uma nova fase, onde as cisões não mais estilhaçaram as organizações trotskistas, mas desembocaram em reagrupamentos e composições. Houve um lento crescimento do número e da influência política dos militantes da IV Internacional.

Os trinta anos de polêmicas entre os partidários de Mandel e Lambert abordaram todos os assuntos importantes colocados para o movimento operário. É impossível explicá-las em detalhe aqui. Alguns pontos centrais servem, porém, de fio condutor às divergências.

Em primeiro lugar, houve uma diferente avaliação da crise que atingiu a IV Internacional em 1951-52. Os mandelistas acham que a divisão ocorrida não impediu a continuidade organizativa e política da IV Internacional, da qual se consideram os legítimos herdeiros. Os lambertistas afirmam que a IV Internacional, como organismo unificado e centralizado em escala mundial, deixou de existir a partir de 1952. Dizem que é necessário um longo período de lutas teóricas e práticas até que se clarifique o fato de que o revisionismo de Pablo e seus seguidores foi o verdadeiro motivo do rompimento.

Depois, o Secretariado Unificado defendeu a teoria do "neocapitalismo", onde exprimiu a opinião de que o mundo capitalista conhecia um novo surto de desenvolvimento sem precedentes, no pós-guerra. Esta análise era complementada pela divisão do sistema capitalista em setores — o dos países capitalistas avançados, o dos países coloniais e dos estados operários. Devido ao *boom* econômico, os trabalhadores dos países capitalistas desenvolvidos diminuíam o ritmo de suas atividades explicitamente políticas e voltavam seus olhos novamente para a obtenção de reformas, seguindo suas direções tradicionais. Nos países atrasados, expoliados selvagemente para garantir a prosperidade acelerada das nações imperialistas, as lutas revolucionárias explodiam com crescente vitalidade.

O Comitê Internacional achava que a caracterização leninista do imperialismo, como etapa final do capitalismo, se mantinha. Todo o crescimento no pós-guerra tinha como eixo um desenvolvimento acentuado do parasitismo econômico, alimentado fundamentalmente pelo fantástico crescimento da economia armamentista. E colocavam a unidade mundial da luta de classes como base teórica da IV Internacional, criticando a divisão do mundo em "setores". Para os lambertistas, esta divisão só servia para negar o papel histórico do proletariado e legitimar:

a) nos países coloniais, o papel hegemônico do campesinato. Com efeito, os mandelistas aprovaram em seu X Congresso, em 1969, a linha da guerra de guerrilhas prolongada, apoiada nos camponeses;

b) na URSS e nos Estados operários burocráticos, o papel hegemônico da burocracia, procurando nelas alas "progressistas" que dirigiriam a revolução política e reformariam por dentro o aparato burocrático;

c) nos países industrializados, o papel hegemônico da pequena-burguesia radicalizada, expresso na teoria dos mandelistas sobre as "novas vanguardas", constituídas pela ultra-esquerda e o movimento estudantil.

Este abandono do papel de direção do proletariado nas lutas sociais e políticas tendia a levar os mandelistas a procurarem "substitutos" para a construção do partido revolucionário fora da classe

O "Solidariedade", dirigido por Lech Walesa, é o principal personagem do processo revolucionário que se desenvolve hoje na Polônia.

operária industrial.

Hoje, estas divergências se expressam mais claramente em relação à revolução nicaragüense e ao papel de Cuba na política internacional. Os mandelistas defendem que a Frente Sandinista de Libertação Nacional é uma força revolucionária conseqüente e o empenho dela em formar um governo de coalização com a burguesia nicaragüense faz parte de um expediente tático para ganhar tempo e fortalecer a revolução. Alguns dos membros do Secretariado Unificado, como o SWP americano, chegam a caracterizar a Junta de Reconstrução Nacional como um autêntico "governo operário-camponês", a ser apoiado incondicionalmente. Os mandelistas proibiram as atividades independentes de suas organizações na Nicarágua, instruindo-as para que passasem a ser "soldados leais" da Frente Sandinista.

Em relação a Cuba, eles vêem em Castro uma direção revolucionária e anti-stalinista, com uma orientação internacional favorável à luta das massas exploradas, embora apontem nela algumas contradições, como o apoio da direção cubana à invasão da Tchecoslováquia e seus ataques ferozes contra a central independente Solidariedade, na Polônia. Também em Cuba, o Secretariado Unificado não julgou necessária a construção de um partido filiado à IV Internacional.

Suas posições em relação à Nicarágua causaram uma séria crise, que culminou, antes de seu último

Congresso, em novembro de 1979, com a cisão de duas de suas alas, a Fração Bolchevique, dirigida por Nahuel Moreno, e a Tendência Leninista-Trotskista, liderada por Christian Nemo, que se reuniram depois aos lambertistas.

Os lambertistas, por sua vez, encaram a Frente Sandinista como uma corrente pequeno-burguesa radicalizada, que, devido à explosão do combate das massas e da conseqüente desagregação do Estado na Nicarágua, deu muitos passos à frente do que previa seu programa inicial. Acham que os sandinistas não são uma direção revolucionária conseqüente e os acusam de procurar, hoje, frear a revolução ao dividir o governo com a burguesia, fazer-lhe uma série de concessões, enquanto reprimem as greves e os camponeses que se apossam das terras, fecham jornais de esquerda não comprometidos com sua política de colaboração de classes e prendem sindicalistas e militantes de oposição. O Comitê Internacional propõe que a Frente Sandinista rompa com a burguesia e assuma o poder, enquanto trata de criar sua própria organização trotskista, independente da FSLN, no país.

Com relação a Cuba, os lambertistas acham que os castristas impulsionaram a revolução contra Batista, mas, uma vez no poder, impediram que o movimento de massas dirigisse o Estado, através de seus conselhos operários (sovietes). Formou-se no país uma burocracia, que aos poucos se alinhou completamente à política internacional do

Kremlin e à defesa da coexistência pacífica com o capitalismo. Em conseqüência, a revolução política e a construção de um partido revolucionário que a dirija são tarefas a serem executadas pelos trotskistas em Cuba.

Para o Comitê Internacional, a orientação seguida atualmente pelos mandelistas revela os mesmos erros que estavam na raiz da crise de 1952: a capitulação diante do stalinismo e a procura de sucedâneos para a construção do partido revolucionário, que acabariam por tornar desnecessária a IV Internacional. Na medida em que Castro e a FSLN podem cumprir o papel dos revolucionários, a IV Internacional deixa de ter sentido. Assim como em 1952, caso os Partidos Comunistas fossem capazes de objetivamente realizar a revolução.

O TROTSKISMO NO BRASIL

A ação dos trotskistas teve sua maior influência no movimento operário latino-americano na década de 30. Trinta e quatro grupos adeptos da Oposição de Esquerda Internacional se espalhavam na época pelo Brasil, México, Bolívia, Argentina, Uruguai, Panamá, Porto Rico, Chile e Cuba.

Em pelo menos dois países — Chile e Cuba — as divergências entre Trotsky e Stalin dividiram os Partidos Comunistas locais, produzindo maioria favorável ao primeiro. Em Cuba, a Oposição de Esquerda rompeu com o PC, levando atrás de si dirigentes da Central Nacional dos Trabalhadores, como Sandálio Junco, e formando, a 14 de setembro de 1933, o Partido Bolchevique Leninista. Desenvolvimento semelhante tiveram as lutas no interior do Partido Comunista chileno, onde uma ala, agrupada em torno do líder operário Hidalgo

Plaza, conseguiu que a maioria dos membros da organização e alguns dirigentes sindicais condenassem a posição de Stalin.

Foi na Bolívia, entretanto, que o trotskismo teve maior implantação no seio do proletariado e maior importância no cenário político. O Partido Operário Revolucionário (trotskista) foi fundado em 1934 por um ex-dirigente do PC chileno, exilado, José Aguirre Gainsbourg. Conseguindo se implantar principalmente entre os trabalhadores das minas, o POR difundiu amplamente as teses· da revolução permanente, aprovadas como texto básico da reunião que, no final da década de 1940, definiu os objetivos da Central Operária Boliviana (COB), a Conferência de Pulacayo. Em 1952, a direção da IV Internacional instruiu os militantes do POR para que, em plena revolução, entrassem no Movimento de Esquerda Revolucionária, dirigido pelo líder burguês Paz Estenssoro. Esta posição provocou cisões, confusão e desorientação, impedindo que os trotskistas bolivianos tirassem todo o proveito do amplo apoio que tinham entre os operários e formassem um pólo revolucionário decisivo durante a revolução.

As teses da Oposição de Esquerda chegaram aos militantes comunistas brasileiros pelas mãos do jornalista Mário Pedrosa, em 1929. Um inverno rigoroso havia impedido que ele embarcasse da Alemanha para a Rússia, para seus estudos numa

O que é Trotskismo

escola política. Em contato com o PC alemão, Pedrosa teve acesso aos documentos críticos que Trotsky enviara para o VI Congresso da Interna cional Comunista (1928), com os quais concordou. De volta ao Brasil, ele e os operários gráficos de sua célula foram excluídos do Partido Comunista, por defenderem as posições de Trotsky.

Os membros do grupo de Pedrosa e outros dissidentes do PC, como Lívio Xavier, Aristides Lobo, Benjamin Peret e Salvador Pintaude, funda- ram a 21 de janeiro de 1931 a Liga Comunista Internacionalista, em ato realizado na Associação dos Empregados do Comércio, na Rua Líbero Badaró, em São Paulo. Pouco depois a Liga se estruturou no Rio, em torno de Rodolfo Coutinho, José Neves, Octaviano Du Pin Galvão e vários outros.

A LCI não reunia mais que 50 militantes em São Paulo, mas tinha um peso importante na União dos Trabalhadores Gráficos, da qual Mário Pedrosa foi dirigente. A partir deste sindicato, os trotskistas procuraram estender sua influência a outras cate- gorias, através de sua atuação na Federação Sindi- cal Regional de São Paulo.

Os militantes da LCI combateram, ao lado dos anarquistas, pela independência dos sindicatos em relação ao Ministério do Trabalho que, já em 1931, começara a criar entidades sindicais a ele direta- mente ligadas e a cooptar as associações existentes a partir do apoio de setores que, nos meios operários, aceitavam a colaboração de classes. Os trotskistas defenderam a união de todas as tendências operárias em torno de um órgão central, a Confederação Geral do Trabalho do Brasil. Depois, à medida em que a dura repressão sobre o movimento operário produzia resultados, ao lado das hábeis manobras do Ministério do Trabalho, e os sindicatos pelegos cresciam em número, a LCI passou a militar também neles, com as mesmas propostas de independência de classe.

Como fração de esquerda que procurava ganhar o PC do B[*] para sua política, a LCI dedicou grande parte de suas análises aos erros e ziguezagues dos stalinistas brasileiros. As oscilações da orientação do PC se davam em torno da tese da "revolução agrária e antiimperialista", a qual os líderes do partido não identificavam com a revolução operária apoiada pelos camponeses. Era, então, uma fórmula suficientemente aberta a ponto de comportar táticas direitistas e ultra-esquerdistas ao mesmo tempo, como as que o PC do B pôs em prática entre 1926 e 1935.

A princípio, o Partido Comunista apontou a contradição entre a grande propriedade feudal e o moderno capitalismo industrial, defendendo um bloco do proletariado, campesinato, pequena

---

(*) Partido Comunista do Brasil, nome, até a cisão de 1962, do atual Partido Comunista Brasileiro.

O que é Trotskismo

burguesia urbana e burguesia industrial para dirigir o país. Após o VI Congresso da Internacional Comunista (1928) ele radicalizou suas teses, prevendo que a revolução agrária e antiimperialista estava na ordem do dia e seria uma seqüência ampliada das revoltas militares de 1922 e 1924 — revoltas que, na verdade, nada tinham a ver com a expropriação do latifúndio nem com a expulsão do imperialismo e que exalavam uma confusa, elitista e autoritária ideologia democratizante.

O lado direitista e ultra-esquerdista da política oficial do PC do B se combinaram na preparação do golpe de novembro de 1935 pela Aliança Nacional Libertadora (dominada pelo partido). Luiz Carlos Prestes, secretário-geral do PC, em manifesto divulgado a 5 de julho de 1935, falava na união das grandes massas trabalhadoras à burguesia nacional não ligada ao imperialismo para defender a democracia. E apelava a que viessem para a ANL todas as pessoas, grupos, correntes, organizações e partidos políticos, quaisquer que fossem seus programas, sob a única condição de que quisessem lutar contra a implantação do fascismo no Brasil, contra o imperialismo e o feudalismo, pelos direitos democráticos. O tenente Miguel Costa, conhecido por "guardar o marxismo no coração e os marxistas na cadeia", resumiu melhor o caráter da ANL, da qual participou: "Um movimento dentro da ordem, mas sem desfalecimentos . . .''.

Preparado sob controle direto da Internacional Comunista, o golpe de 1935 fracassou e a repressão sobre o movimento operário que se seguiu foi ainda mais intensa e brutal. A política de Prestes paralisou e desorientou um setor muito importante da vanguarda operária, que procurava defender seus sindicatos dos ataques da burguesia — a mesma que o PC conclamava a lutar ao lado do proletariado pela "democracia". Sem uma orientação clara para resistir à integração de suas organizações sindicais ao Estado, estimulada à colaboração de classes e lançada numa aventura sem saída, a classe operária não pôde resistir aos golpes desferidos por Getúlio Vargas. A tentativa de tomar o poder de 1935 da ANL encerrou um período da história do movimento operário brasileiro. Com a perseguição da polícia, confusão e desânimo, o proletariado foi aos poucos perdendo o que, bem ou mal, havia mantido em mais de três décadas de luta — seus sindicatos independentes. Getúlio conseguiu finalmente incorporar todas as organizações operárias ao Estado e montar uma estrutura sindical que colocou sob controle da burguesia a ação dos trabalhadores.

A Liga Comunista Internacionalista procurou denunciar os erros do PC do B, demonstrando, com base nas teses da revolução permanente, que só um governo operário, sem alianças com qualquer fração da burguesia, poderia resolver os problemas da nação atrasada. A revolução se faria, afirmava a

LCI, contra a burguesia nacional, ligada através de vários laços ao imperialismo. Na luta contra o fascismo, os trotskistas, lutando contra os blocos pluriclassistas defendidos pelo PC do B, recorreram aos métodos tradicionais utilizados pela classe operária, realizando manifestações públicas contra os integralistas e buscando a frente única de todas as tendências operárias. Esta política teve frutos positivos, como a frente formada por trotskistas, socialistas e anarquistas que, a 7 de outubro de 1934, varreram à bala da praça da Sé uma demonstração dos integralistas. O fascismo caipira quisera fazer uma provocação diante do edifício Santa Helena, prédio onde se concentravam vários sindicatos e a Federação Sindical Regional de São Paulo.

Ainda dentro da política de frente única, a Liga atuou a favor da formação da Coligação das Esquerdas, que concorreu às eleições de 1934 em São Paulo, com candidatos operários. Reunindo a LCI, o Partido Socialista e a Coligação dos Sindicatos — o PC preferiu lançar-se sozinho — a Coligação das Esquerdas defendeu um programa bastante avançado de reivindicações (a maior parte delas continua válida até hoje). Ele exigia a vigência da totalidade dos direitos democráticos — voto aos analfabetos, soldados e marinheiros, supressão da polícia política, separação da Igreja do Estado. ensino público e laico, instituição do divórcio, etc. Dentre as reivindicações econômicas colocava a escala móvel de salários, creches nas empresas, jornada de 8 horas para todos e de 4 a 6 horas nas indústrias perigosas e insalubres, interdição do trabalho noturno — salvo em casos necessários por motivos técnicos e por um período não superior a 4 horas por pessoa —, tratamento médico gratuito. Pedia ainda a nacionalização das companhias de transporte e dos bancos, a organização de grandes fazendas-modelo geridas pelos sindicatos dos trabalhadores rurais e a extinção do serviço da dívida externa. Os trotskistas, em particular, centralizaram todas estas reivindicações na exigência de uma Assembléia Constituinte, eleita democraticamente, que aplicasse o programa da Coligação das Esquerdas.

A LCI, porém, foi afetada por cisões e pela repressão do governo. Em 1936, Mário Pedrosa fundou o Partido Operário Leninista, com a maior parte dos membros da antiga LCI. Mas o partido praticamente desapareceu em 1937, devido à sua fragilidade teórica, pequeno número de militantes, divergências internas e intensa perseguição policial.

Em 1936, uma ala do Partido Comunista, dirigida por Hermínio Sachetta, redator do órgão oficial da organização, *A Classe Operária,* rompeu com a direção stalinista e se aproximou dos trotskistas. Sachetta e mais seis comitês regionais do PC discordaram da posição oficial adotada diante das eleições de 1937 — apoio à candidatura de Armando de Salles Oliveira. Os dissidentes pregaram a necessidade de um candidato operário, Luiz Carlos Prestes. E, nesse ponto, coincidiram com as análises dos trotskistas, que atacaram as duas candidaturas — Armando Salles e José Américo — como burguesas.

Mas o grupo dissidente viveu com muitas dificuldades durante o Estado Novo. Vários militantes, inclusive Sachetta, foram presos e só em 1943, em contato com a organização trotskista americana, o Socialist Workers Party, é que tal grupo se filiou à IV Internacional, formando sua seção oficial no Brasil, com o nome de Partido Socialista Revolucionário.

O PSR participou das eleições da Constituinte de 1946 com um programa de reivindicações operárias e independência de classe em relação ao Estado. E lutou no Congresso Sindical Brasileiro, realizado no Rio em setembro de 1946, pelo desatrelamento dos sindicatos do Ministério do Trabalho e pela completa liberdade das organizações operárias, opondo-se ao Movimento Unificador dos Trabalhadores, dirigido pelo PC do B e que defendia, com alguns retoques, a estrutura sindical imposta por Getúlio. A crise da IV Internacional nos anos 1950-52 levou à dissolução do PSR.

Em 1953 surgiu um novo grupo trotskista, o Partido Operário Revolucionário, ligado em princípio a Michel Pablo, dirigente da IV Internacional e diretamente subordinado ao responsável pelo trabalho político na América Latina,

J. Posadas. Reunidos em torno do jornal *Frente Operária,* o POR aglutinou vários militantes que procuravam uma opção nova frente à política do PC e ao nacionalismo burguês, do PTB. Estiveram melhor implantados em Pernambuco, onde dirigiram alguns sindicatos rurais, pregaram a tomada das terras pelos camponeses, a criação de uma Central dos Camponeses de Pernambuco, vinculada a uma Confederação Nacional dos Trabalhadores. Chocaram-se com a Igreja, que procurava controlar as organizações camponesas e com o governador Miguel Arraes, que mandou prender alguns militantes do POR.

O POR degenerou rapidamente após o golpe de 1964, devido à orientação de Posadas que, nesta época, rompera com a IV Internacional e criara sua própria organização, a IV Internacional Posadista. Suas posições políticas se tornaram cada vez mais extravagantes. Ele radicalizou as posições de Pablo, achando que as condições objetivas não apenas empurrariam no sentido da revolução o PC, mas também os brizolistas, militares nacionalistas, clero progressista, etc. Depois partiu para o delírio puro e simples, chegando a afirmar que as sociedades extraterrenas, que provaram ter uma tecnologia mais avançada através de seus discos voadores, só poderiam ser socialistas. Ridículo à parte, durante anos os posadistas foram tidos equivocadamente como representantes oficiais do trotskismo no país, particularmente na década de 60.

No final dos anos 60 nasceu o Partido Operário Comunista (POC), que se aproximou do Secretariado Unificado da IV Internacional devido à concordância de ambos em relação à necessidade da luta de guerrilhas nos países atrasados. O POC aderiu aos mandelistas em 1972. Pouco depois, suas posições sobre a luta armada foram revistas e o POC tentou atuar no cotidiano do movimento operário, centralizando sua luta em três questões imediatas: aumentos de salários, contra o desemprego e pela organização independente de classe, proclamando a necessidade de criação de comissões de fábricas. Obtiveram magros resultados e, muito enfraquecidos, dissolveram-se em 1978.

Por outro lado, a política delirante de Posadas provocou cisões de onde se originaram dois grupos: a Organização Comunista 1º de Maio e a Fração Bolchevique-Trotskista. Eles se fundiram com os lambertistas em 1976, dando origem à maior organização trotskista brasileira atual, a Organização Socialista Internacionalista.

Devido à forte repressão do governo, as posições da OSI se tornaram mais conhecidas através da orientação defendida pela tendência estudantil Liberdade e Luta, onde alguns de seus militantes atuavam. Depois, a organização passou a editar e vender publicamente sua revista teórica, a *Luta de Classes.*

As correntes políticas que deram origem à OSI

haviam enfrentado o período de declínio do movimento dos trabalhadores após a greve de 1968 e, com todas as diferenças existentes entre si no campo teórico, tinham posições comuns a respeito de questões básicas. Rejeitaram e criticaram abertamente a luta armada e os métodos dos grupos guerrilheiros, opondo-lhes a perspectiva do trabalho de reorganização do proletariado, nos sindicatos e nas fábricas, em torno de suas reivindicações econômicas e direitos democráticos.

A OSI considera que os sindicatos atuais, herdados da legislação de Vargas, não são organismos independentes e têm servido como uma verdadeira camisa-de-força contra os trabalhadores. Eles são obstáculos à mobilização operária e instrumento fundamental do controle que a classe dominante exerceu sobre os trabalhadores durante 40 anos. Apesar disso, a OSI atua neles, pois reconhece que, por não dispor de qualquer tipo de organização independente, os operários procuraram se defender utilizando os únicos meios que possuíam às mãos e afluíram aos sindicatos regidos pela CLT para lutar por seus direitos. Este objetivo é incompatível com a própria natureza desses sindicatos e o movimento dos trabalhadores, se dirigido por uma política independente, pode provocar o rompimento dos vínculos que os unem ao Estado e a criação de novas entidades livres. A OSI prega também a criação de uma Central Sindical Independente, cujo ponto de partida deve ser a união de todas as correntes políticas que defendem a independência de classe.

No plano político, a OSI se colocou a princípio contra o Partido dos Trabalhadores, apontado como mais um partido de apoio ao governo de Figueiredo. No início de 1980 reformulou sua posição e se colocou a favor do PT, vendo em sua consolidação a possibilidade dos trabalhadores terem, pela primeira vez na história do Brasil, um partido de massas, independente da classe dominante. A OSI centraliza toda a sua atividade em torno de uma Assembléia Constituinte, democrática e soberana. É filiada ao Comitê Internacional da Quarta Internacional.

Outro grupo conhecido como trotskista é a Convergência Socialista. Na verdade, vários dos militantes que atuam em seu interior foram membros da antiga organização trotskista Liga Operária, nascida em São Paulo em 1975, com influência principal no movimento estudantil. Nos sindicatos, eles defenderam uma política de independência de classe e a organização dos trabalhadores pelas bases. No plano político, propuseram o voto nos candidatos "socialistas" do Movimento Democrático Brasileiro, nas eleições legislativas de 1978.

Entre seus pontos de programa figura a construção de um partido operário que — a princípio, em 1978 — deveria ser um Partido Socialista de massas. Posteriormente, quando uma parcela dos dirigentes sindicais, principalmente os do ABC paulista, começaram a discutir a possibilidade de formação do Partido dos Trabalhadores, os militantes trotskistas no interior da Convergência Socialista se integraram aos debates e passaram a apoiar o PT. Propõem também a convocação de uma Assembléia Constituinte democrática e soberana, que deve ser precedida do fim do aparato repressivo e do atual governo. Como trotskistas, que atuam como grupo no interior da Convergência, eles estão atualmente ligados ao Comitê Internacional da Quarta Internacional.

INDICAÇÕES PARA LEITURA

A obra mais completa e de fácil acesso ao leitor brasileiro sobre a vida, lutas e posições de Trotsky é a excelente trilogia do historiador Isaac Deutscher — *O Profeta Armado, O Profeta Desarmado* e *O Profeta Banido* — editada pela Civilização Brasileira em 1968. Como militante trotskista polonês, que discordou da oportunidade de se fundar a IV Internacional, Deutscher atribuiu pouca importância — e poucas linhas — a uma empresa que julgava sem futuro.

A única obra em português que trata da formação da IV Internacional é *A IV Internacional — Os 15 Primeiros Anos,* da Palavra Editora (1981), escrita pelo militante francês Jean Jacques Marie. O Programa de Transição, base teórica da organização trotskista, foi colocado juntamente com textos de Lênin e Trotsky no livro *A Questão do Programa,* da Kairós Editora (1979). Mas para compreender com mais profundidade aspectos importantes do pensamento de Trotsky, esboçados de forma sumária no programa da IV Internacional, é conveniente recorrer a suas obras, principalmente *A Revolução Permanente* e *A Revolução Traída*, até hoje uma das análises mais agudas sobre a natureza da burocracia soviética. Ambas foram editadas pela Ciências Humanas em 1979.

Não existe nada escrito sobre a IV Internacional após a cisão de 1952 e sobre as principais correntes que aí se formaram. Os pontos principais das divergências e as diferentes interpretações da crise podem ser encontradas nos jornais que publicam algum material sobre o trotskismo, como *Em Tempo, O Trabalho,* e *Convergência Socialista.*

Sobre o trotskismo brasileiro o leitor encontrará informações gerais nos livros de Edgard Carone *A República Nova* e *A Segunda República* (textos e documentos), editados pela Difusão Européia do Livro em 1974 (com edições posteriores), e também em *Anarquistas e Comunistas no Brasil,* do *brazilianist* John W. Foster Dulles, pela Editora Nova Fronteira (1977). Sobre a ação dos trotskistas após a década de 30 só há material disponível através dos depoimentos dos participantes e reportagens sobre a origem dos grupos da IV Internacional no país publicados pelos jornais *Em Tempo, Convergência Socialista* e *O Trabalho.*

Biografia

José Roberto Campos

Nasceu em Guarulhos, SP. Formado em jornalismo pela Escola de Comunicações e Artes da Universidade de São Paulo. Trabalhou no *DCI*, *Revista Bolsa de Valores do Rio de Janeiro*, *Diário Popular* e na *Jovem Pan*. Atualmente é jornalista *free-lancer*, colaborador de *Leia Livros*.

Caro leitor:
As opiniões expressas neste livro são as do autor, podem não ser as suas. Caso você ache que vale a pena escrever um outro livro sobre o mesmo tema, nós estamos dispostos a estudar sua publicação com o mesmo título como "segunda visão".

Impressão e Acabamento:
Scortecci Gráfica
Telefax: (11) 3815-1177
grafica@scortecci.com.br